CD-ROM付き
授業や学級経営に活かせる フラッシュカードの作り方・使い方

中條佳記 著

黎明書房

はじめに

　小学校の職員室には，大学を卒業してすぐの先生から講師として経験を重ねた先生，一方で，ミドルリーダーと呼ばれる少数の先生方，あらゆる修羅場をくぐり抜け経験値の高いベテランの先生方など，あらゆる年齢層の先生方がおられます。そして，どんな授業を実践するにしても，どなたも必ず教材研究をし，各教科における目標を達成すべく，日夜努力されています。

　プロの教師であれば，当たり前のことです。しかし，その時間が確保できにくいのが現実です。教材研究に時間をかけたからといって，良い授業ができる保証はどこにもありませんが，ただ，1分でも1秒でも，時間を捻出し，教材研究に努めたいと思っている方は多くおられることと思います。

　現場の先生方を見ていて，少しでもお役に立てることはないかと考えているうちに，本書『ＣＤ－ＲＯＭ付き　授業や学級経営に活かせるフラッシュカードの作り方・使い方』の発刊にたどり着きました。何とかこの本を世に出して，1人でも多くの先生方の時間を捻出することができれば幸いです。

　【フラッシュカード】の効果については，本書でも書きましたが，授業において積極的に活用することで，学習効果は非常に高くなります。子どもたちの学びへのモチベーションが高まるとともに，手軽に学習効果が上げられるのだから，使わない手はありません。

　特に，若手教師には，活用法を含め，【フラッシュカード】のメリットをわかった上で，どんどん使っていってほしいと考えています。もちろん，アレンジするのも良し，バリエーションを増やすのも良し。教職経験年数に関係なく，手軽に使えて，効果を最大限に上げるスキルをぜひ試していただきたいです。

　なお，ＣＤ－ＲＯＭに収録されていないものについては，本書をご購入いただいた先生方で工夫して，ご自由に作っていただき，ご自分の手持ちのフラッシュカードをどんどん増やし，有効に使っていただけると嬉しいです。例えば，新出漢字は，低学年はすべて，中学年は3年，高学年は5年を収録しました。4年・6年は，本書を参考にして，工夫して作ってみてください。もちろん，1・2・3・5年も自作のオリジナルのものを作って実践していただいても構いません。より良いフラッシュカードにしていくことが大切です。

　最後に，本書発刊まで，粘って粘って制作に携わっていただいた黎明書房の皆様にはこの場をお借りして深謝申し上げます。

　　平成27年10月13日

　　　　　　　　　　　　　　　　　　　　　　　　　　　　　　　　中條　佳記

目　次

はじめに	1
フラッシュカードの使用上の留意点	4
ＣＤ－ＲＯＭでフラッシュカードを作る	9

国語科

1	新出漢字①　低学年	12
2	新出漢字②　中学年	14
3	新出漢字③　高学年	16
4	百人一首	18
5	熟語・四字熟語	19
6	名作の詩・物語の冒頭	20
7	名ゼリフ	21

算数科

1	3年生までに学習する単位	22
2	4年生で学習する単位・平面＆立体図形の名称	24
3	5年生　図形の面積，立方体・直方体の体積を求める公式	26
4	6年生で学習する公式などをマスター	28
5	単元別用語・記号　1・2・3年生編	30
6	単元別用語・記号　4・5・6年生編	31

理科

1	第3学年　昆虫	32
2	第4学年　星座	34
3	第5学年　水中の小さな生物	36
4	第3学年　植物	38
5	第6学年　人体の臓器の名称	39
6	理科実験器具の名称	40
7	理科授業で使用する器具や道具の名称	41

社会科

1. 都道府県名 — 42
2. 第6学年　歴史人物 — 44
3. 第3学年　地図記号 — 46
4. 中学年　県庁所在地 — 47
5. 日本の山・川・平野 — 48
6. 特産物＆都道府県章 — 50
7. 国旗＆世界遺産 — 51

音楽科

1. 音符・休符・記号・音楽にかかわる用語 — 52
2. 有名な音楽家 — 54

道徳

1. 七みの言葉 — 56

英語

1. 数 — 57
2. 色 — 58
3. 動物 — 59
4. 教室にあるもの — 60

学級経営

1. 教室移動のキーワード — 61
2. 話をきくときの約束5つ — 62
3. あいさつ7か条 — 63
4. 給食指導 — 64

フラッシュカードの使用上の留意点

① カードの送り方

後ろから前へカードを送っていきます。

または,見せたカードを下に置いていきます。

② カードの提示の仕方

提示の仕方は,クラスの子どもたち全体から見えるようにします。座席が教室の端や前方,後方の子どもたちからは,大変見えにくい場合がありますので,配慮が必要です。

高く上げる,低く下げる,カードを持って身体を中心からスウィングするなど,みんなが見えるように工夫します。

③ カードの持ち方

カードの持ち方も工夫が必要です。

左手でめくる人は,右手で中央下辺りを持ち,左手で左下端や左上端を持ってカードをめくったり,下に置いたりします。

そのとき教師は,子どもたちから見える手を意識しておくべきです。派手な爪は御法度です。どうしても子どもの注意は,そこにいってしまうからです。

④ リズムとテンポ

カードをめくっていくときには,1枚ずつ「ハイッ」「ハイッ」というリズムを作っていくと良いでしょう。

例えば,歴史人物のカードを,卑弥呼→聖徳太子→中大兄皇子,と順に見せていくとしましょう。

① カードの送り方

胸の前あたりで,後ろのカードを前に出してくる!

② カードの提示の仕方
上下(後ろに座っている子),左右(左右に座っている子)を意識!

教室左に座っている子に見えるように。　　正面。　　教室右に座っている子に見えるように。

③ カードの持ち方

できるだけ,カードの絵や文字と重ならないように持つ。

【例】『卑弥呼』「卑弥呼」（めくる）⇒『聖徳太子』「聖徳太子」（めくる）⇒『中大兄皇子』「中大兄皇子」……，となります。※『　』は教師の声，「　」は子どもの声です。

⑤　大きさ

カードの大きさですが，教室の前から後ろの座席の子どもがはっきりくっきり見えるものが良いでしょう。例えば，歴史人物の顔などであれば，縦15㎝，横10㎝でも十分見えますし，認識できます。

実際に，黒板前の教卓にカードを設置したり，黒板に貼りつけた状態で教室の後ろから試しに見てみると良いでしょう。

ちなみに，筆者は，用途に応じて使い分けています。例えば，

- 用語なら，縦・約15㎝，横・約30㎝
- 漢字なら，縦・約27㎝，横・約18㎝
- （国）旗なら，縦・約18㎝，横・約27㎝
- 肖像なら，縦・約36㎝，横・約27㎝を使っています。（右の図参照）

図（フラッシュカードの大きさの比較）

⑥　紙質

紙質にはこだわります。薄い紙は避けるべきです。カードにしたとき，掲示すると透けてしまい，見えにくいからです。もしも上質紙などの薄い紙しかない場合は，透けないように相紙を入れ，ラミネーターによるラミネート加工をオススメします。ラミネーターは，ネットショップなどで簡単に手に入ります。（写真）

ただし，教室の照明や日光の加減によっては光ってしまい見えにくい場合がありますので，注意してください。

- パソコンで作成する場合，購入可能であれば，フォト紙（光らない厚めの両面印刷用フォトマット紙が最適です）か，普通紙の厚口，もしくは画用紙をオススメします。写真，図，文字，記号，など，要求する品質に応じてお選びください。
- 手書きの場合は，画用紙が最適です。

⑦　画用紙の種類

画用紙を選ばれた方は，出力するサイズに合わせ，画用紙を裁断機でお切りください。

なお，普通紙についても，厚口をオススメしますので，差し込み印刷または手差し印刷で実行してください。

また，薄い上質紙を画用紙に貼りつけ，ラミネート加工すると，長く使えるフラッシュカードが完成しますので，お試しください。

⑧　形のバリエーション

　基本の形としては ▭ （長方形）をオススメします。用途に応じていろいろな形にしてもおもしろいです。

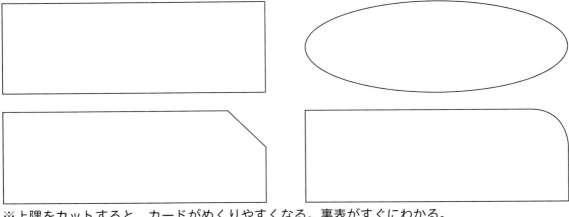

※上隅をカットすると，カードがめくりやすくなる。裏表がすぐにわかる。

⑨　ラミネーターで加工したフラッシュカード

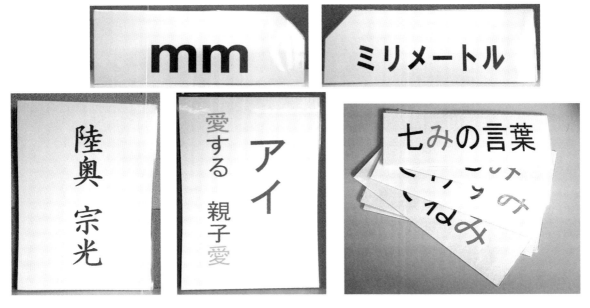

⑩　見やすさ

　文字の大きさは，できるだけ大きくします。使用されるフォントにもよりますが，経験上150ポイント（約5cm四方）以上をオススメします。ですから，カードに入る言葉は，できるだけ短くし，キーワードを使用します。

　次頁の例【卑弥呼】はＨＧ正楷書体，240ポイント（約8cm四方）です。

　絵や写真を使用される場合，できるだけ大きく引き伸ばします。画像が少々粗くとも，離れた位置から子どもたちが見ますと，それほど違和感はないようです。（本書の付属ＣＤ－ＲＯＭの肖像写真などのデータも少し粗いものがあります。ご了承ください。）

⑪　語呂と順番

　語呂については，短い言葉やキーワードを使用し，リズムとテンポを意識した設定を施すと良いでしょう。

　またカードを使用する初期は，アイウエオ順に並べておいても構いません。慣れてくれば，ランダムにした方が子どもたちの意欲は増し，盛り上がります。

　順番については，慣れてくるまでは規則正しく，１（ワン）パターンで覚えていけば良いのですが，その順番でしか覚えていない（九九のように）のは困りものです。どこからアプローチされても，可能なように，どんどん変化させ鍛えていくようにしましょう。

⑫　使用する語句

　教師が厳選した語句を選びましょう。参考にするのは，小学校学習指導要領に書かれた語句です。子どもたちにとって，知識として定着させなければならないキーワードなどが掲載されていますので，まずは一読してください。

⑬　効　果

　フラッシュカードは，短時間ででき，繰り返し使えます。子どもたちの知識の定着に役立ちます。

　フラッシュカードは，使用する教師が，自分で工夫して作成することができますし，子どもたちとともに作成すれば，そのフラッシュカードには，愛着が生まれ，馴染みやすくなり，学習効果がアップします。

卑弥呼

CD-ROMでフラッシュカードを作る

① 付属CD-ROMのフォルダの構成
○使用環境
　推奨OS：Windows7以降
　推奨ソフト：Adobe Reader
　保存形式：PDF（.pdf）

パターン3種類
縦×横（mm）
A：297×210
B：210×297
C：105×297

フォルダ名	ファイル名（フラッシュカード数）	パターン	
1 国語科	1　新出漢字①　低学年　1年生（80）	A	
	2　新出漢字①　低学年　2年生（160）	A	※P.10
	3　新出漢字②　中学年　3年生（200）	A	注意事項
	4　新出漢字③　高学年　5年生（185）	A	参照
	5　百人一首（100）	A	
	6　熟語・四字熟語（8）	C	
	7　名作の詩・物語の冒頭（6）	A	
	8　名ゼリフ（6）	C	
2 算数科	1　3年生までに学習する単位（10）	C	
	2　4年生で学習する単位・平面＆立体図形の名称（8）	C	
	3　5年生　図形の面積，立方体・直方体の体積を求める公式（6）	C	
	4　6年生で学習する公式などをマスター（9）	BとC	
	5　単元別用語・記号　1・2・3年生編（22）	B	
	6　単元別用語・記号　4・5・6年生編（25）	B	
3 理科	1　第3学年　昆虫（10）	B	
	2　第4学年　星座（16）	B	
	3　第5学年　水中の小さな生物（10）	B	
	4　第3学年　植物（16）	B	
	5　第6学年　人体の臓器の名称（10）	B	
	6　理科実験器具の名称（16）	B	
	7　理科授業で使用する器具や道具の名称（13）	B	
4 社会科	1　都道府県名（47）	C	
	2　第6学年　歴史人物（42）	A	
	3　第3学年　地図記号（10）	B	
	4　中学年　県庁所在地（47）	B	
	5　日本の山・川・平野　山（13）	C	
	6　日本の山・川・平野　川（22）	C	
	7　日本の山・川・平野　平野（20）	C	
	8　特産物＆都道府県章　特産物（47）	C	
	9　国旗＆世界遺産（11）	B	
5 音楽科	1　音符・休符・記号・音楽にかかわる用語（8）	C	
	2　有名な音楽家（11）	B	
6 道徳	1　七みの言葉（7）	C（裏面　白紙）	
7 英語	1　数（38）	B	
	2　色（8）	B	
	3　動物（8）	B	
	4　教室にあるもの（17）	B	
8 学級経営	1　教室移動のキーワード（11）	C（裏面　白紙）	
	2　話をきくときの約束5つ（5）	C（裏面　白紙）	
	3　あいさつ7か条（7）	C（裏面　白紙）	
	4　給食指導（13）	C（裏面　白紙）	

② 使用許諾についての注意　　※必ずお読みください。
- ＣＤ－ＲＯＭが入った袋を開封されますと，お客様が本書内の注意事項やこの使用許諾の注意書きを承諾したものと判断いたします。
- 収録されている「フラッシュカード」の著作権および許諾権は，(株)黎明書房および著者が管理しています。本書の内容およびデータの複製および頒布，譲渡，転売，賃貸はできません。
- 商業誌やインターネットでの使用はできません。
- 収録データを使用した結果発生した損害や不利益その他いかなる事態にも黎明書房は一切責任を負いません。また，このＣＤ－ＲＯＭは十分な注意を払って制作しておりますが，欠陥がないことを保証するものではありません。ご了承ください。
- お手持ちのパソコン環境やアプリケーションソフト（ワープロソフト）によって，動作や手順が異なる場合があります。また，データの読み込み・編集の方法については，お使いのＯＳやアプリケーションソフトに依存します。操作に関して不明の点や不具合が生じた場合は，パソコンソフトやアプリケーションに付属のマニュアルをご覧ください。
- Windows は Microsoft Corporation の米国その他の国における登録商標または商標です。その他本書中に登場する商品名は，それらの所有者の商標または登録商標です。

③ CD－ROM でのフラッシュカード制作の手順　　※用紙については，P.5-6 参照。

[上質紙などの薄い紙の場合]
1. フラッシュカードの２～３倍の用紙を用意する。（表面・裏面，相紙用）
2. フラッシュカードの表面と裏面をそれぞれ印刷する。（表面・裏面とも，片面は白紙）
3. 対になるように，貼り合わせる。（ラミネート加工でも可）
   透ける場合は，相紙を入れるなど工夫する。
4. でき上がり。

[フォト紙などの厚い紙の場合]
1. フラッシュカードと同じ数の用紙を用意する。ただしパターンＣはその約半分で良い。
2. フラッシュカードの表面と裏面を，１枚の用紙に印刷する。プリンターの両面印刷機能を使うと楽。
   - 一般的な家庭用プリンターの場合，表面の印刷が済むと，用紙を手動で裏返し再度セットする必要があります。
   - 大型複合機の場合，自動的に両面印刷が終わります。
3. ラミネート加工をしても良い。
4. でき上がり。

≪注意事項≫
- ＣＤ－ＲＯＭでは，すべてＡ４サイズで，表→裏→表→裏……の順に収録されています。必要に応じて，印刷用紙サイズを変えてご利用ください。なお，**パターンは次の３つあります。**（単位はmm）
  　Ａ：縦297×横210　　　Ｂ：縦210×横297　　　Ｃ：縦105×横297（２組１セット）
- 本文では，裏表がはっきりわかるように，カードの表面は右上隅を，裏面は左上隅を斜めにカットしてありますが，ＣＤ－ＲＯＭでは，カードの上隅はカットされていません。裏表を区別するため，裏面の隅に★印がつけてあります。
- 裏面が白紙の場合は，裏のデータはありません。

CD-ROM付き
授業や学級経営に活かせるフラッシュカードの作り方・使い方

国語科① 新出漢字① 低学年

学習目標
低学年で学習する漢字を読むことができ，書くこともできるようになる。

効能
- 『小学校学習指導要領 国語科編』の学年別漢字配当表にある，1・2年で学ぶ240字(80字＋160字)を覚えられる。　※1・2年生240字，ＣＤ－ＲＯＭに収録
- 新出漢字を繰り返し学習することで，知識の定着に繋がる。
- 登場する漢字の使われ方についても学ぶことができる。

● 使用する場面と使い方

　国語科の時間に使います。授業開始または授業終了時に，子どもたちとともに唱えます。カードを見せながら，先生が，右なら『みぎ』とカードに書かれた漢字を読み，その後に続けて，子どもたちに「みぎ」と読ませると良いでしょう。未習の漢字も読めるようにどんどん練習していきましょう。

　慣れてきたら，読むのは子どもたちに任せて，先生はどんどんカードをめくっていきましょう。裏面に書いてある違う読み方や熟語を同じように先生と子どもたちが交互に唱えるとさらに学習が深まるでしょう。

● カードの特徴

　表面には，新出漢字を大きく書き，裏面には，その漢字の読み方もしくは熟語を記載します。そうすることで，両面使えるようになります。音訓の読み方は未習ゆえにいろいろな読み方ができることを伝えるようにします。

フラッシュカード作成例

表　面

※本文では，カードの表面は右上隅を，裏面は左上隅をカットしてあります。ＣＤ－ＲＯＭではカットされていません。

実践してみよう　―基本編・応用編・発展編―

基本編

① 以下の低学年で学習する漢字をカードにし，先生→子ども→先生→子ども……の順にカードを見せながら繰り返し読んでいく。

〈1年生〉 一右雨円王音下火花貝学気九休玉金空月犬見五口校左三山子四糸字耳七車手十出女小上森人水正生青夕石赤千川先早草足村大男竹中虫町天田土二日入年白八百文木本名目立力林六（80字）

〈2年生〉 引羽雲園遠何科夏家歌画回会海絵外角楽活間丸岩顔汽記帰弓牛魚京強教近兄形計元言原戸古午後語工公広交光考行高黄合谷国黒今才細作算止市矢姉思紙寺自時室社弱首秋週春書少場色食心新親図数西声星晴切雪船線前組走多太体台地池知茶昼長鳥朝直通弟店点電刀冬当東答頭同道読内南肉馬売買麦半番父風分聞米歩母方北毎妹万明鳴毛門夜野友用曜来里理話（160字）

応用編―様々なフラッシュカード活動

① 教師は，上記の漢字を熟語にし，新出漢字の色を変え，フラッシュカードにする。
② 白紙のフラッシュカードを準備し，見本を提示した後，子どもたちに手作りカードを作成させる。
③ ペアまたはグループで学習できるように，必要な分だけカードを準備して，子どもたちが自らカードで学習する。カードは教師が用意したものや子どもたちが作ったものを使用する。

発展編

① 教師が，カードを見せながら，表に記された漢字を読み，子どもにその漢字を書かせていく。
② 日替わりで子どもたちが担当し，カードをめくりながら漢字を読んでいく。

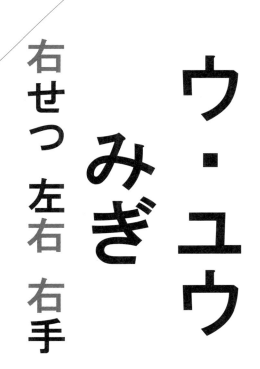

裏　面

国語科②　新出漢字②　中学年

学習目標

中学年で学習する漢字を読むことができ，書くこともできるようになる。

効能
- 『小学校学習指導要領 国語科編』の学年別漢字配当表にある，3・4年で学ぶ400字(200字＋200字)を覚えられる。　※3年生200字，ＣＤ－ＲＯＭに収録
- 新出漢字を繰り返し学習することで，知識の定着に繋がる。
- 登場する漢字の使われ方についても学ぶことができる。

● 使用する場面と使い方

　国語科の時間に使います。授業開始または授業終了時に，子どもたちとともに唱えます。カードを見せながら，先生が，愛なら『あい』とカードに書かれた漢字を読み，その後に続けて，子どもたちに「あい」と読ませると良いでしょう。未習の漢字も読めるようにどんどん練習していきましょう。

　慣れてきたら，読むのは子どもたちに任せて，先生はどんどんカードをめくっていきましょう。裏面に書いてある違う読み方や熟語を同じように先生と子どもたちが交互に唱えるとさらに学習が深まるでしょう。

● カードの特徴

　表面には，新出漢字を大きく書き，裏面には，その漢字の読み方もしくは熟語を記載します。そうすることで，両面使えるようになります。音訓の読み方は未習ゆえにいろいろな読み方ができることを伝えるようにします。

フラッシュカード作成例

表　面

実践してみよう　―基本編・応用編・発展編―

基本編
① 以下の中学年で学習する漢字をカードにし，先生→子ども→先生→子ども……の順にカードを見せながら繰り返し読んでいく。

〈3年生〉 悪安暗医委意育員院飲運泳駅央横屋温化荷界開階寒感漢館岸起期客究急級宮球去橋業曲局銀区苦具君係軽血決研県庫湖向幸港号根祭皿仕死使始指歯詩次事持式実写者主守取酒受州拾終習集住重宿所暑助昭消商章勝乗植申身神真深進世整昔全相送想息速族他打対待代第題炭短談着注柱丁帳調追定庭笛鉄転都度投豆島湯登等動童農波配倍箱畑発反坂板皮悲美鼻筆氷表秒病品負部服福物平返勉放味命面問役薬由油有遊予羊洋葉陽様落流旅両緑礼列練路和（200字）

〈4年生〉 愛案以衣位囲胃印英栄塩億加果貨課芽改械害街各覚完官管関観願希季紀喜旗器機議求泣救給挙漁共協鏡競極訓軍郡径型景芸欠結建健験固功好候航康告差菜最材昨札刷殺察参産散残士氏史司試児治辞失借種周祝順初松笑唱焼象照賞臣信成省清静席積折節説浅戦選然争倉巣束側続卒孫帯隊達単置仲貯兆腸低底停的典伝徒努灯堂働特得毒熱念敗梅博飯飛費必票標不夫付府副粉兵別辺変便包法望牧末満未脈民無約勇要養浴利陸良料量輪類令冷例歴連老労録（200字）

応用編―様々なフラッシュカード活動
① 教師は，上記の漢字を熟語にし，新出漢字の色を変え，フラッシュカードにする。
② 白紙のフラッシュカードを準備し，見本を提示した後，子どもたちに手作りカードを作成させる。
③ ペアまたはグループで学習できるように，必要な分だけカードを準備して，子どもたちが自らカードで学習する。カードは教師が用意したものや子どもたちが作ったものを使用する。

発展編
① 教師が，カードを見せながら，表に記された漢字を読み，子どもにその漢字を書かせていく。
② 日替わりで子どもたちが担当し，カードをめくりながら漢字を読んでいく。

裏　面

国語科③　新出漢字③　高学年

● 学習目標

高学年で学習する漢字を読むことができ，書くこともできるようになる。

効能
- 『小学校学習指導要領 国語科編』の学年別漢字配当表にある，5・6年で学ぶ366字(185字＋181字)を覚えられる。　　※5年生185字，ＣＤ－ＲＯＭに収録
- 新出漢字を繰り返し学習することで，知識の定着に繋がる。
- 登場する漢字の使われ方についても学ぶことができる。

● 使用する場面と使い方

　国語科の時間に使います。授業開始または授業終了時に，子どもたちとともに唱えます。カードを見せながら，先生が志なら『シ』とカードに書かれた漢字を読み，その後に続けて，子どもたちに「シ」と読ませると良いでしょう。未習の漢字も読めるようにどんどん練習していきましょう。

　慣れてきたら，読むのは子どもたちに任せて，先生はどんどんカードをめくっていきましょう。裏面に書いてある違う読み方や熟語を同じように先生と子どもたちが交互に唱えるとさらに学習が深まるでしょう。

● カードの特徴

　表面には，新出漢字を大きく書き，裏面には，その漢字の読み方もしくは熟語を記載します。そうすることで，両面使えるようになります。音訓の読み方は未習ゆえにいろいろな読み方ができることを伝えるようにします。

フラッシュカード作成例

表　面

実践してみよう　―基本編・応用編・発展編―

基本編

① 以下の高学年で学習する漢字をカードにし，先生→子ども→先生→子ども……の順にカードを見せながら繰り返し読んでいく。

〈5年生〉　圧移因永営衛易益液演応往桜恩可仮価河過賀快解格確額刊幹慣眼基寄規技義逆久旧居許境均禁句群経潔件券険検限現減故個護効厚耕鉱構興講混査再災妻採際在財罪雑酸賛支志枝師資飼示似識質舎謝授修述術準序招承証条状常情織職制性政勢精製税責績接設舌絶銭祖素総造像増則測属率損退貸態団断築張提程適敵統銅導徳独任燃能破犯判版比肥非備俵評貧布婦富武復複仏編弁保墓報豊防貿暴務夢迷綿輸余預容略留領（185字）

〈6年生〉　異遺域宇映延沿我灰拡革閣割株干巻看簡危机揮貴疑吸供胸郷勤筋系敬警劇激穴絹権憲源厳己呼誤后孝皇紅降鋼刻穀骨困砂座済裁策冊蚕至私姿視詞誌磁射捨尺若樹収宗就衆従縦縮熟純処署諸除将傷障城蒸針仁垂推寸盛聖誠宣専泉洗染善奏窓創装層操蔵臓存尊宅担探誕段暖値宙忠著庁頂潮賃痛展討党糖届難乳認納脳派拝背肺俳班晩否批秘腹奮並陛閉片補暮宝訪亡忘棒枚幕密盟模訳郵優幼欲翌乱卵覧裏律臨朗論（181字）

応用編―様々なフラッシュカード活動

① 教師は，上記の漢字を熟語にし，新出漢字の色を変え，フラッシュカードにする。
② 白紙のフラッシュカードを準備し，見本を提示した後，子どもたちに手作りカードを作成させる。
③ ペアまたはグループで学習できるように，必要な分だけカードを準備して，子どもたちが自らカードで学習する。カードは教師が用意したものや子どもたちが作ったものを使用する。

発展編

① 教師が，カードを見せながら，表に記された漢字を読み，子どもにその漢字を書かせていく。
② 日替わりで子どもたちが担当し，カードをめくりながら漢字を読んでいく。

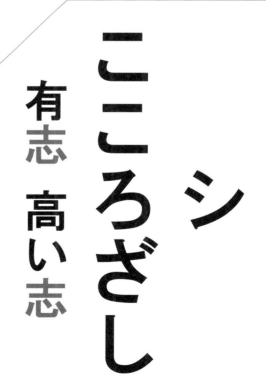

裏　面

国語科④　百人一首

学習目標

百人一首を覚えることができる。

効能
- 初句を見て，一首すべて言えるようになる。
- 百人一首をしたときに素早く札をとれるようになる。

※百首すべて，CD－ROMに収録

● 使用する場面と使い方

おもに高学年で使えます。百人一首はその名のとおり，百首のフラッシュカードがあります。最初からすべて覚えるには量が多いため，学級の実態や子どもたちの意欲に応じて，枚数を増やしていくと良いでしょう。

最初は先生が表面の初句（例えば「これやこの」）を言います。続いて，子どもたちも初句を言います。その後，先生が裏面の続く歌を言います。言い終わると，子どもたちも後に続きます。慣れてくると，先生が初句を言います。続けて，子どもたちが次の句以降も言っていきます。最終段階では，カードを見せるだけで，子どもたちはその歌をすべて言っていきます。

● カードの特徴

表面には，初句を書きます。裏面には，歌の続きを書いておきましょう。イラストを入れると，カードが華やかになり，子どもたちの目を引くこともできます。

フラッシュカード作成例

表面

これやこの

裏面

（これやこの）
行くも帰るも
別れては
しるもしらぬも
逢坂の関

蟬丸（せみまる）

10

国語科⑤　熟語・四字熟語

学習目標
熟語や四字熟語に触れ，漢字の使い方を覚えることができる。

効能
・語彙力が増える。
・熟語や四字熟語の意味を知り，普段の生活の中で使えるようになる。

● 使用する場面と使い方

　扱う漢字によって，全学年で使えるようになります。熟語や四字熟語に多く触れることによって，使いこなせるようになるだけでなく，子どもたちは漢字に興味を持つようになります。授業の最初や最後の時間に使えます。

　カードの表面を見せながら，先生が，一期一会なら『一期一会』と読みます。続いて，子どもたちが「一期一会」と読みます。初めて触れる熟語や四字熟語については，最初に登場させるときに，低学年では意味を説明し，中学年以上では辞書で意味を調べさせても良いでしょう。

● カードの特徴

　表面には，熟語や四字熟語を書きます。裏面には，読み方を書いておきます。簡単な意味も添えて書いておくと説明がしやすくなります。

※8点，ＣＤ－ＲＯＭに収録

フラッシュカード作成例

一期一会

表面

いちごいちえ
一生に一度だけの機会を大切にするという意味。

裏面

国語科⑥ 名作の詩・物語の冒頭

学習目標
詩や物語の冒頭を読んで知り，その詩や物語に親しむことができるようになる。

効能
- 世に有名な詩や物語を知ることができる。
- 詩や物語などの文学作品に出会い，楽しく読むことができるようになる。

● 使用する場面と使い方

　全学年で使えます。ただし，子どもたちの成長段階，学級の実態に応じて，扱う作品を選択しましょう。授業の最初や最後の時間などに使えます。

　カードの表面を見せながら，先生が，こころ・夏目漱石なら『こころ，夏目漱石』と言います。続いて，子どもたちが「こころ，夏目漱石」と言います。覚えてしまうと，カードを見せるだけで言えるようになります。裏面の使い方としては，例えば，先生が裏面を言い，続けて子どもたちが声に出して言います。黒板にフラッシュカードをはり，指示棒で指しながら言っても良いでしょう。

● カードの特徴

　表面には，詩・物語ともにタイトルと作者名を書きます。裏面には，詩ならば全文，物語ならば冒頭三文までを書きます。

<u>※6点，CD-ROMに収録</u>

フラッシュカード作成例

表面： 『こころ』 夏目　漱石

裏面： わたくしはその人を常に先生と呼んでいた。だからここでもただ先生と書くだけで本名は打ち明けない。これは世間を憚る遠慮というよりも，その方が私にとって自然だからである。

国語科⑦ 名ゼリフ

学習目標
有名なアニメや漫画,映画などで出てきたセリフを工夫して言うことができる。

効能
・役者やキャラクターを演じることで楽しく学習できる。
・セリフの練習を繰り返すことで,音読のレベルがアップする。

● 使用する場面と使い方

全学年で使えます。ただし,子どもたちの成長段階,学級の実態に応じて,扱うセリフを選択しましょう。授業の最初や最後の時間などに使えます。
カードの表面を見せながら,先生がセリフを言います。続いて,子どもたちが言います。覚えてしまうと,カードを見せるだけで言えるようになります。

● カードの特徴

表面には,名ゼリフを書きます。裏面には,そのセリフを言った役者やキャラクターの名前,そして作品名などを書きます。身の回りの様々な名ゼリフの活用をオススメします。

※6点,CD-ROMに収録

フラッシュカード作成例

「ごん、お前だったのか。
いつも栗をくれたのは」

表面

『ごんぎつね』
新美南吉　より

裏面

算数科① 3年生までに学習する単位

学習目標
3年生までに学習する長さや体積，重さの単位を覚える。

効能
- 1～3年生までに学習する長さや重さの単位を覚えられる。
- 繰り返し唱えることで，基礎的・基本的な知識および技能が身につく。

● 使用する場面と使い方

3年生で使えます。1年生，2年生で学習してきた単位も扱うので，復習にも役立ちます。おもに，算数の授業時間中に使用します。その時間の最初や最後に使います。また教室に掲示しておくことも可能です。

カードを見せながら，先生が，mm なら『ミリメートル』と言い，その後に続けて，子どもたちも「ミリメートル」と言います。子どもたちが覚えてきたら，最初のカードを見せて，『よーい，スタート！』と教師が言い，子どもたちに言わせながら，どんどんカードをめくっていくと良いでしょう。

● カードの特徴

表面には，以下の単位を書きます。裏面には，読み方を記しておきます。

≪長さ≫　mm　cm　m　km
≪体積≫　mL　dL　L
≪重さ≫　g　kg　t

※10点，CD-ROMに収録

フラッシュカード作成例　　　　表　面

実践してみよう ―基本編・応用編・発展編―

基本編

① 先生がフラッシュカードを見せながら『長さ！』と言い，子どもたちが「長さ！」と復唱するところからスタートする。先生→子ども→先生→子ども……の順で単位を言う。
　【例】長さ→ mm → cm → m → km →体積→ mL……という風に，それぞれ小さい単位から大きい単位になるように続けます。

② 先生がフラッシュカードを見せながら『重さ！』と言い，子どもたちが「重さ！」と復唱するところからスタートする。①の逆バージョンになる。

応用編―様々なフラッシュカード活動

① 単位の順番をバラバラにしたフラッシュカードを準備して，読ませていく。
② 先生は単位に数字を入れて読んでいく。
　【例】1000 kg → 1 t → 1000 g → 1 kg……
③ ペアまたはグループで学習できるように，その数の分だけ準備して実施する。

発展編

① 教師は単位を読んでいき，子どもたちはノートに書き取りをしていく。
　【例】（カードを見せながら）先生『ミリメートル』→子どもたちは「ミリメートル」と言いながら，「mm」と書きます。
　（カードを見せながら）先生『キログラム』→子どもたちは「キログラム」と言いながら，「kg」と書きます。
　先生は何も言わず，裏面を子どもたちに見せながら進めても良いでしょう。

② 先生が『長さ！』と言い，子どもたちがこれまでに習った単位をノートに書く。
　【例】先生『長さ！』，子どもたち「mm！」「cm！」「m！」「km！」と言いながら，ノートに書いていきます。

算数科

ミリメートル

裏　面

算数科②　**4年生で学習する単位・平面＆立体図形の名称**

学習目標
4年生で学習する面積の単位および平面＆立体図形の呼び名を覚える。

効能
- 4年生で学習する面積の単位および平面＆立体図形の名称について覚えられる。
- 繰り返し唱えることで，基礎的・基本的な知識および技能が身につく。

● 使用する場面と使い方

4年生で使えます。算数の授業時間に使用します。その時間の最初や最後に使います。また教室に掲示しておくことも可能です。

カードを見せながら，先生が，cm²なら『平方センチメートル』と言い，その後に続けて，子どもたちも「平方センチメートル」と言います。子どもたちが覚えてきたら，最初のカードを見せて，『よーい，スタート！』と教師が言い，子どもたちに言わせながら，どんどんカードをめくっていくと良いでしょう。

● カードの特徴

表面には，以下の単位を書きます。裏面には，読み方を記しておきます。
≪面積≫　　　cm²　m²　km²
≪平面図形≫　平行四辺形　ひし形　台形
≪立体図形≫　直方体　立方体

※8点，CD-ROMに収録

フラッシュカード作成例　　　表　面

実践してみよう　―基本編・応用編・発展編―

基本編
① 先生がフラッシュカード「cm²」を見せ，『平方センチメートル！』と言い，子どもたちに「平方センチメートル！」と復唱させる。先生→子ども→先生→子ども……の順で面積の単位，平面図形名，立体区形名を言う。

【例】面積→ cm² → m² → km² →平面図形→平方四辺形→ひし形……と続けます。

応用編―様々なフラッシュカード活動
① 36cm²など，カードに書かれた面積を読んでいく。

【例】36cm²（36平方センチメートル）→ 4 m²（4平方メートル）→ 9 km²（9平方キロメートル）……

② 面積の単位を見せながら，数字を入れて読んでいく。

【例】1000平方キロメートル→ 100平方メートル→ 10平方センチメートル……

③ ペアまたはグループで学習できるように，その数の分だけ準備して，実施する。

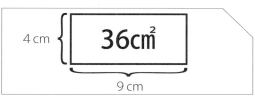

応用編①　表面

36 平方センチメートル

応用編①　裏面

※ＣＤ－ＲＯＭには収録されていません

発展編
① 先生は単位や図形名を読んでいき，子どもたちはノートに書き取りをしていく。

【例】（カードを見せながら）先生『平方センチメートル』→ 子どもたちは「平方センチメートル」と言いながら，「cm²」と書きます。

（カードを見せながら）先生『直方体』→子どもたちは「直方体」と言いながら，漢字で書きます。

平方センチメートル

裏　面

算数科③ 5年生 図形の面積，立方体・直方体の体積を求める公式

学習目標
5年生で学習する図形の面積や立方体・直方体の体積の求め方を覚える。

効能
・5年生で学習する図形の面積や立方体・直方体の体積を求められる。
・繰り返し唱えることで，基礎的・基本的な知識および技能が身につく。

● 使用する場面と使い方
5年生で使えます。算数の授業時間に使用します。その時間の最初や最後に使います。また教室に掲示しておくことも可能です。

カードを見せながら，先生が，たて×横×高さなら『たて×横×高さ』と言い，その後に続けて，子どもたちも「たて×横×高さ」と言います。子どもたちが覚えてきたら，最初のカードを見せて，『よーい，スタート！』と教師が言い，子どもたちに言わせながら，どんどんカードをめくっていくと良いでしょう。

● カードの特徴
表面には以下の公式を書きます。裏面には，図形や立体の名称を記しておきます。

≪三角形≫　底辺×高さ÷2　　　　　≪平行四辺形≫　底辺×高さ
≪ひし形≫　対角線×対角線÷2　　　≪台形≫　　　　（上底＋下底）×高さ÷2
≪立方体≫　1辺×1辺×1辺　　　　≪直方体≫　　　たて×横×高さ

※6点，CD－ROMに収録

たて×横×高さ

フラッシュカード作成例　　　　　表　面

●フラッシュカード他の例　　※ＣＤ－ＲＯＭには収録されていません

≪三角形≫　底辺×高さ÷2

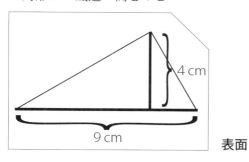

表面

底辺×高さ÷2
9×4÷2

裏面

≪平行四辺形≫　底辺×高さ

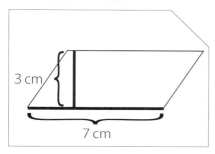

表面

底辺×高さ
7×3

裏面

≪立方体≫　1辺×1辺×1辺

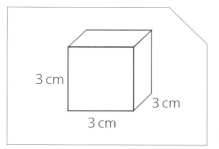

表面

1辺×1辺×1辺
3×3×3

裏面

算数科

直方体

裏　面

算数科④ **6年生で学習する公式などをマスター**

学習目標
6年生で学習する公式などを覚えることができる。

効能
- 円の面積を求められるようになる。
- 角柱および円柱の体積を求められるようになる。
- 速さにおける公式をマスターできる。
- 縮図，拡大図，対称な図形についての知識の定着をはかれる。

● **使用する場面と使い方**

　6年生で使えます。算数の授業時間に使用します。その時間の最初や最後に使います。また教室に掲示しておくことも可能です。

① 　カードを見せながら，先生が『円の面積』と言い，子どもはその後に続けて「円の面積」と言います。次に先生が『半径×半径×円周率』と言い，子どもは続けて「半径×半径×円周率」と言います。続けて同じように次々と公式を言います。

② 　慣れてきたら，カードを見せながら，先生が『円の面積は？』と問いかけ，子どもはその後に続けて，「半径×半径×円周率」と答えます。続けて同じように次々と公式を答えさせます。このようにして，子どもたちは公式や用語などをマスターし，活用していけるようになります。

● **カードの特徴**

　表面には「円の面積」などと書きます。裏面には，表面の公式を記しておきます。

≪円の面積≫　　　　　半径×半径×円周率　　　≪直方体の体積≫　縦×横×高さ
≪角柱・円柱の体積≫　底面の面積×高さ
≪速さ≫　　　　　　　速さ＝道のり(距離)÷時間　　　道のり(距離)＝速さ×時間
　　　　　　　　　　　時間＝道のり(距離)÷速さ
≪図形≫　　　　　　　縮図　拡大図　対称な図形　　　　　　　※9点，CD-ROMに収録

フラッシュカード作成例

円の面積

表　面

●フラッシュカード他の例

表面

| 角柱・円柱の体積 |

裏面

| 底面の面積×高さ |

| 速さ |

| 道のり（距離）÷時間 |

| 拡大図 |

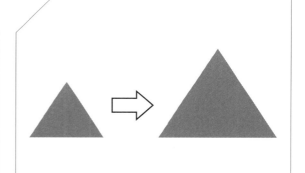

| 半径×半径×円周率 |

裏　面

算数科⑤ 単元別用語・記号 1・2・3年生編

学習目標
用語や記号を知識として定着させ，活用することができる。

効能
- 算数科の4領域を網羅した用語・記号を覚えることができる。
- 繰り返し唱えることで，基礎的・基本的な知識および技能が身につく。

● 使用する場面と使い方

1・2・3年生で使えますが，できるだけ，学年に応じて使用するようにしましょう。おもに，算数の授業時間中に使用します。その時間の最初や最後に使います。また教室に掲示しておくことも可能です。

カードを見せながら，先生が名称を言い，その後に続けて，子どもたちも言います。子どもたちが覚えてきたら，最初のカードを見せて，『よーい，スタート！』と教師が言い，子どもたちに言わせながら，どんどんカードをめくっていくと良いでしょう。

● カードの特徴

表面には以下の用語・記号を書きます。裏面には，読み方を記しておきます。

〈1年生〉 一の位，十の位，＋，－，＝
〈2年生〉 単位，直線，直角，頂点，辺，面，×，＞，＜
〈3年生〉 等号，不等号，小数点，$\frac{1}{10}$の位，数直線，分母，分子，÷

※22点，ＣＤ－ＲＯＭに収録

フラッシュカード作成例

一の位	いちのくらい
表　面	裏　面

算数科⑥ 単元別用語・記号 4・5・6年生編

学習目標
用語や記号を知識として定着させ，活用することができる。

効能
- 算数科の4領域を網羅した用語・記号を覚えることができる。
- 繰り返し唱えることで，基礎的・基本的な知識および技能が身につく。

● 使用する場面と使い方

4・5・6年生で使えますが，できるだけ，学年に応じて使用するようにしましょう。おもに，算数の授業時間中に使用します。その時間の最初や最後に使います。また教室に掲示しておくことも可能です。

カードを見せながら，先生が，和なら『わ』と言い，その後に続けて，子どもたちも「わ」と言います。子どもたちが覚えてきたら，最初のカードを見せて，『よーい，スタート！』と教師が言い，子どもたちに言わせながら，どんどんカードをめくっていくと良いでしょう。

● カードの特徴

表面には以下の用語・記号を書きます。裏面には，読み方を記しておきます。

〈4年生〉和，差，積，商，以上，以下，未満，真分数，仮分数，帯分数，平行，垂直，対角線，平面

〈5年生〉最大公約数，最小公倍数，通分，約分，底面，側面，比例，％

〈6年生〉線対称，点対称，：

※25点，CD-ROMに収録

フラッシュカード作成例

表面　　裏面

理科① 第3学年 昆虫

学習目標
身近な昆虫の体のつくりや成長過程を覚えることができる。

効能 ・昆虫の体のつくりの名称や成長過程を覚えることができる。

● 使用する場面と使い方

3年生の学習単元【昆虫】において使用します。理科という教科に初めて出会う子どもたちにとって，身近な昆虫にまつわる名称を覚えられる絶好の機会です。

学習を進めていく中で，おもに復習で用いると良いでしょう。頭・胸・腹・足6本・たまご・幼虫・さなぎ・成虫など，既習したものを繰り返して唱えることで，知識の定着に有効でしょう。

● カードの特徴

表面には，各名称（頭・胸・腹・足6本など）や成長過程（たまご・幼虫・さなぎ・成虫）などをひらがなや漢字で書きます。裏面にはイラストを描き入れ，それぞれの名称の部位に色をつけておきましょう。

※10点，CD-ROMに収録

フラッシュカード作成例

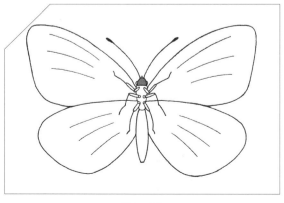

表　面　　　　　　　　　　裏　面

●フラッシュカード他の例

こん虫 むね	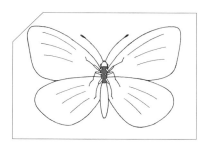
こん虫 はら	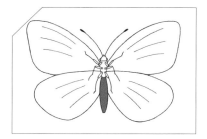
たまご	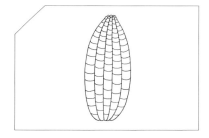
よう虫	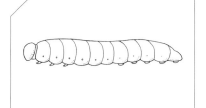
さなぎ	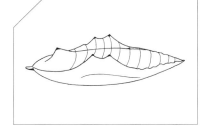

　　表　面　　　　　　　裏　面

理科

理科②　第4学年　星座

学習目標
夜空に輝く星空を見上げ，明るさや色の違う星を見つけたり，星の集まりには一定の並び方があることがわかる。

効能　・夜空の星空を見たときに，季節ごとに星座名を言うことができる。

● 使用する場面と使い方

4年生の学習単元【月と星】において使用します。また，野外活動などに参加する学年でも使用可能です。

学習を進めていく中で，予習でも復習でも用いることができます。未習の段階であっても，子どもたちが知っている星座もあります。さらに，新たな星座名も知識として定着していくことでしょう。子どもたちは占いが大好きであったり，生年月日から自分の星座が何であるかに興味を持っていたりします。使用効果は大です。まずは，季節毎に名の知られた星座から提示していくと良いでしょう。次に，生年月日にまつわる12星座から提示していきます。

なお，子どもたちには，フラッシュカードと実際の星空とは見え方が異なることを伝えます。

● カードの特徴

表面には，星座名や観察できる季節を書きます。裏面にはその星座の形（星の並び方など）を描き入れ，星同士を線で結んでおくとわかりやすくなります。

フラッシュカード作成例

表　面

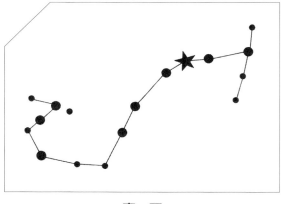
裏　面

● **代表的な星座**　※4点，CD−ROMに収録

おおぐま座（北斗七星）　　　　　〈夏〉さそり座（南の空）

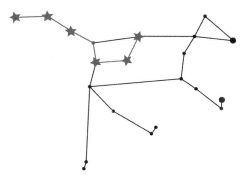

カシオペア座（北の空）　　　　　〈冬〉オリオン座（南の空）

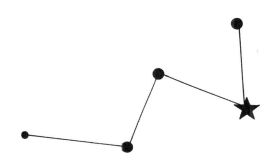
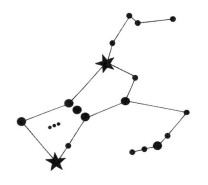

● **生年月日　12星座**　　※12点，CD−ROMに収録

3月21日～4月19日	おひつじ座
4月20日～5月20日	おうし座
5月21日～6月21日	ふたご座
6月22日～7月22日	かに座
7月23日～8月22日	しし座
8月23日～9月22日	おとめ座
9月23日～10月23日	てんびん座
10月24日～11月21日	さそり座
11月22日～12月21日	いて座
12月22日～1月19日	やぎ座
1月20日～2月18日	みずがめ座
2月19日～3月20日	うお座

理科

理科③　第5学年　水中の小さな生物

学習目標
水中の小さな生物を調べ，動物（メダカなど）がそれを食べて成長することについて考えを持つことができるようにする。

効能　・水中の小さな生物の名前を覚えることができる。

● 使用する場面と使い方

5年生の学習単元【水中の小さな生物】において使用します。学校の近くに，池や田畑，水路，ビオトープなどがあれば，そこで小さな生物を採取し，観察すると，より効果が上がります。

ただし，採取する際は安全面にくれぐれも注意が必要です。

学習を進めていく中で，予習でも復習でも用いることができます。未習の段階であっても，子どもたちが知っている生物もあります。教科書に掲載されている生物以外にも発見があるかもしれません。

● カードの特徴

表面には，水中の小さな生物名を書きます。裏面には，その生物の写真もしくはイラストを準備します。

フラッシュカード作成例

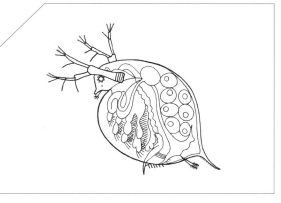

表　面　　　　　　　　　　裏　面

● おもな水中の小さな生物　　※10点，CD-ROMに収録

表面	裏面
アオミドロ	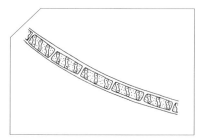
ミカヅキモ	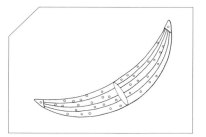
ゾウリムシ	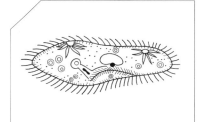
メダカの雄（オス）	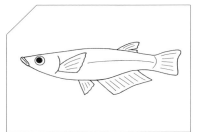
メダカの雌（メス）	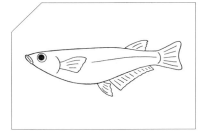

理科

理科④ 第3学年 植物

学習目標

身近な植物の各名称や成長過程を覚えることができる。

効能 ・植物の各名称や成長過程を繰り返し唱えることで覚えることができる。

● 使用する場面と使い方

　3年生の学習単元【植物】において使用します。理科という教科に初めて出会う子どもたちにとって、身近な植物にまつわる名称や成長過程を興味を持って覚えられる絶好の機会です。

　学習を進めていく中で、おもに復習で用いると良いでしょう。根・茎・葉・種子・子葉・本葉・花・実など、既習したものを繰り返して唱えることで、知識の定着に有効でしょう。

　また高学年では、発芽から結実までの成長サイクルを学習します。おしべやめしべ、花粉・受粉といった名称、水・空気・日光・肥料などの成長必須条件を加えてカードを作成すると良いでしょう。

● カードの特徴

　表面には、各名称（根・茎・葉など）や成長過程（種子・子葉・本葉・花・実など）を書きます。裏面にはイラストを描き入れ、それぞれの名称の部位に色をつけておきましょう。

※16点，ＣＤ－ＲＯＭに収録

フラッシュカード作成例

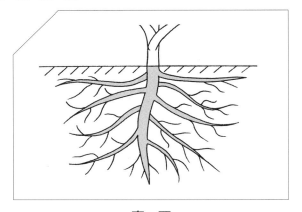

表　面　　　　　　　　　裏　面

理科⑤ 第6学年 人体の臓器の名称

学習目標
人の呼吸，消化，排出および循環の働きを調べ，人の体のつくりと働きについて考えを持つことができるようにする。

効能
- 人体の臓器の名称を覚えることができる。
- 臓器などがどのような働きをしているのか知識として定着させることができる。

● 使用する場面と使い方

6年生の学習単元【人や動物の体】において使用します。本物を準備することはできないため，実物写真や模型などがあると，より効果的です。

学習を進めていく中で，予習でも復習でも用いることができます。未習の段階であっても，子どもたちが知っている臓器もあります。それぞれの臓器の働きも合わせて，知識の定着をはかっていきましょう。

《例》口　食道　胃　小腸　大腸　肺　心臓　肝臓　すい臓　気管　など

※10点，CD-ROMに収録

● カードの特徴

表面には，臓器の名前を書きます。裏面には，その臓器の写真もしくはイラストを準備します。役割なども記載できれば言うことなしです。

フラッシュカード作成例

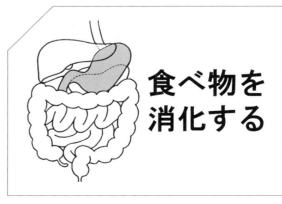

表　面　　　　　　裏　面

理科⑥ 理科実験器具の名称

学習目標
理科の実験授業において活用する理科実験器具の名称を覚えることができる。

効能・実験器具の名称を覚えることで，実験をよりスムーズに進めることができる。

● 使用する場面と使い方

　3～6年生の理科室での実験の際に役立つように知識の定着をはかります。本物を理科室から準備しても良いのですが，実物の写真であれば効果は十分です。

　学習を進めていく中で，予習でも復習でも用いることができます。実際に理科室でも行えますし，教室で確認をすることもできます。

《例》ビーカー　三角フラスコ　光学顕微鏡　プレパラート　虫眼鏡　遮光板　試験管　アルコールランプ　ガスバーナー　駒込ピペット　メスシリンダー　気体検知管　リトマス紙　石灰水　上皿てんびん　分銅　　　　　※16点，CD-ROMに収録

● カードの特徴

　表面には，器具の名称を書きます。裏面には，その器具の写真を貼りつけておくと良いでしょう。
※CD-ROMは，イラストになっています

フラッシュカード作成例

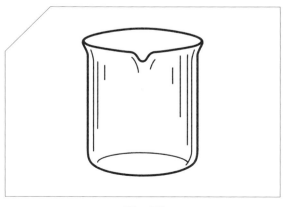

　　　　表　面　　　　　　　　　　　　　　　　裏　面

理科⑦ 理科授業で使用する器具や道具の名称

学習目標
理科の授業において必ず活用する器具や道具の名称を覚えることができる。

効能 ・器具や道具の名称を覚えることで，知識の定着がはかれる。

● 使用する場面と使い方

3〜6年生の理科の授業で必ず使用する器具や道具の名称を覚えます。実物の写真がここでは必要となります。

学習を進めていく中で，予習でも復習でも用いることができます。教室で，1つ1つの名称を必ず確認することにしましょう。

《例》 百葉箱　温度計　星座読み取り表　人体模型　沸騰石　三脚　棒磁石　U字磁石
電磁石　モーター　聴診器　オルゴール　水槽　　　　　※13点，CD−ROMに収録

● カードの特徴

表面には，器具や道具の名称を書きます。裏面には，その器具や道具の写真を貼りつけておくと良いでしょう。　　　　　　　　　　　　　　　　　　　　　※CD−ROMは，イラストになっています

フラッシュカード作成例

表　面　　　　　　　　　　　　　　　　　裏　面

社会科① 都道府県名

学習目標
日本全国47ある都道府県名を繰り返し唱えることで，完璧に覚えることができる。

効能
- 47の都道府県名を覚えることができる。
- 短時間で47都道府県を言うことができる。
- 応用して使えるので，都道府県名＋αの情報を子どもたちが得られる。

※47点，CD-ROMに収録

● 使用する場面と使い方

隙間時間に使います。つまり，授業のはじめと終わりや休み時間が終わる前，すでに次の授業の準備ができていて子どもたちが座っている場面です。

① カードの表面を見せながら，先生が『奈良県』と言い，子どもはその後に続けて，「奈良県」と言います。続けて同じように次々と都道府県名を言います。慣れてきたら，言うのは子どもたちに任せて，先生はどんどんカードをめくっていきましょう。

② カードを見せながら，先生が『奈良県』と言い，子どもはその後に続けて，「奈良県」と言います。次に先生が『東大寺の大仏。法隆寺』と言い，子どもは続けて「東大寺の大仏。法隆寺」と言います。続けて同じように次々と言います。

● カードの特徴

表面には都道府県名を大きく書き，裏面には有名な史跡や出身有名人などを書いておくと，両面使えるようになります。そうすることで子どもたちの興味関心を高められます。ただし，裏面に載せる情報は2つまでとしましょう。あまり多くの情報を載せてしまうと，フラッシュカードの特徴であるスピードとテンポがなくなってしまうからです。

フラッシュカード作成例　　　表　面

実践してみよう　―基本編・応用編・発展編―

基本編
① 北海道から沖縄県まで（都道府県の番号順に）先生→子ども→先生→子ども……の順で都道府県名を言う。
② 沖縄県から北海道まで（都道府県番号を逆の順番で）①と同様に都道府県名を言う。
③ 都道府県名を地方別に言う。
　【例】『近畿地方』→「近畿地方」→『奈良県』→「奈良県」→『大阪府』→「大阪府」
　……　　※『　』は教師，「　」は子ども。

応用編―様々なフラッシュカード活動
① 都道府県の順番をバラバラにしたフラッシュカードを準備して，言う。
② 白紙のフラッシュカードを準備し，見本を提示した後，子どもたちに手作りカードを作成させる。
③ ペアまたはグループで学習できるように，必要な分だけカードを準備して，子どもたちが自らカードで学習する。カードは教師が用意したものや子どもたちが作ったものを使用する。

発展編
① 隣接する都道府県名を言わせていく。
　【例】(奈良県のカードを見せながら，席の順に1人ひとり答えさせます)『奈良県』→「大阪府」→「京都府」→「三重県」→「和歌山県」……
② 裏面を表に向けて使用し，都道府県名を言う。
　【例】(東大寺の大仏・法隆寺と書かれたカード裏面を見せながら)『奈良県』→「奈良県」……
③ 都道府県名を●抜きにして作成し，先生→子ども→先生→子ども……の順で言う。但し，●島県(福島県，徳島県，広島県)のような場合，その県の数だけフラッシュカードを準備しておき，同じ作りにしておく。そして，その都度，『じゃあ，これは広島県ね』と確認して進めていく。
　【例】奈●県　●海道　青●県　●手県　秋●県　●島県　……

```
　　　　とうだいじ　　　だいぶつ
　　　　東大寺の大仏
　　　　ほうりゅうじ
29　　　法隆寺
```

裏　面

社会科② 第6学年 歴史人物

学習目標
歴史学習に登場する人物名を繰り返し唱えることで，完璧に覚えることができる。

効能
・『小学校学習指導要領 社会科編』に書かれている 42 名を覚えることができる。
・人物の肖像とともに人物名が確認できるので，覚えやすい。※ 42点，CD－ROMに収録

● 使用する場面と使い方

社会科の時間に使います。授業開始または授業終了時に，子どもたちとともに唱えます。カードを見せながら，先生が人物名を言い，その後に続けて，子どもたちに言わせると良いでしょう。慣れてきたら，言うのは子どもたちに任せて，先生はどんどんカードをめくっていきましょう。裏面に印刷した人物の肖像画や写真を見せながら，名を唱えさせても良いでしょう。

● カードの特徴

表面には，歴史人物名を大きく書き，裏面には，その人物の肖像画もしくは写真を貼りつけます。そうすることで，両面使えるようになります。写真は教科書に使われていたり，資料集に掲載されているものが良いでしょう。

フラッシュカード作成例

陸奥 宗光

表 面

実践してみよう　―基本編・応用編・発展編―

基本編

① 卑弥呼から野口英世まで（指導要領に書かれてある順に）先生→子ども→先生→子ども……の順で人物名を言う。

② 野口英世から卑弥呼まで逆に，①と同様に人物名を言う。

③ 人物名を時代別に言う。（先に時代名を唱え，次に人物名をカードを見せながら読ませる。）

【例】『縄文，弥生，飛鳥，奈良，平安』→「縄文，弥生，飛鳥，奈良，平安」→『卑弥呼』→「卑弥呼」→『聖徳太子』→「聖徳太子」→『小野妹子』→「小野妹子」……

※『　』は教師，「　」は子ども。

応用編―様々なフラッシュカード活動

① 人物の順番をバラバラにしたフラッシュカードを準備して，言う。

② 白紙のフラッシュカードを準備し，見本を提示した後，子どもたちに手作りカードを作成させる。

③ ペアまたはグループで学習できるように，必要な分だけカードを準備して，子どもたち自らカードで学習する。カードは教師が用意したものや子どもたちが作ったものを使用する。

発展編

① その人物が行ったことをキーワードとして言わせていく。

【例】（陸奥宗光のカードを見せながら席の順に1人ひとり答えさせます）『陸奥宗光』→「カミソリ大臣」→「不平等条約解消」→「和歌山県」……

② 裏面の肖像を表に向けて使用し，人物名を言わせていく。

③ 人物名を●抜きにしたフラッシュカードを作成し，先生→子ども→先生→子ども……の順に言う。

【例】　陸●宗光　卑●呼　●徳太子……

39

裏　面

社会科③　第3学年　地図記号

学習目標

学区や住んでいる市町村，都道府県内の地図に出てくる記号をマスターする。

効能
- 日本で使われている地図記号をたくさん覚えられる。
- 地図記号の由来も合わせて，学ぶことができる。

● 使用する場面と使い方

いつでも使えます。授業のはじめ・中・終わり，休憩時間の最後で次の授業の準備ができている場面などです。カードを見せながら，先生が，卍（神社の記号）なら『神社』と読み，その後に続けて，子どもたちに「神社」と読ませると良いでしょう。慣れてきたら，読むのは子どもたちに任せて，先生はどんどんカードをめくっていきましょう。また，地図記号をマスターしたら，名称を見せて地図記号を書かせていくのも良いでしょう。

● カードの特徴

表面には地図記号を大きく描き，裏面にはその意味や由来などを書いておくと両面使えるようになり，子どもたちの興味関心を高められます。ただし，裏面に載せる情報は2つまでとしましょう。あまり多くの情報を載せてしまうと，フラッシュカードの特徴であるスピードとテンポがなくなってしまうからです。

<u>※10点，CD－ROMに収録</u>

フラッシュカード作成例

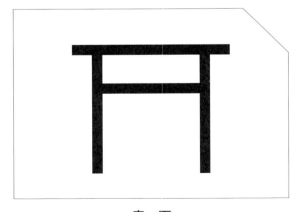

表面　　　　　　　　　　　　　裏面

国土地理院ホームページ→子どものページ→いろいろな地図記号
http://www.gsi.go.jp/KIDS/map-sign.htm

社会科④　中学年　県庁所在地

学習目標
各都道府県にある県庁所在地名とその位置を覚える。

効能
・47都道府県の県庁所在地名がスラスラ言えるようになる。※47点，CD－ROMに収録
・位置と名称を同時にマスターできる。

● 使用する場面と使い方

基本的に，いつでも使えます。授業のはじめ・中・終わり，休憩時間の最後で次の授業の準備ができている場面などです。

① カードの表面を見せながら，先生が，奈良市なら『奈良県奈良市』と言い，子どもはその後に続けて「奈良県奈良市」と言います。続けて同じようにどんどん言います。

② カードの裏面を見せながら，先生が『県庁所在地は？』と問いかけ，子どもはその後に続けて「奈良市」と答えます。続けて同じように次々と県庁所在地名を唱えます。

このように表裏を活用すると，子どもは，県庁所在地名と都道府県名をセットで覚えていくようになります。

● カードの特徴

表面には県庁所在地名を大きく描き，裏面にはその県（都道府）名や県（都道府）の形・県庁所在地の場所などを記しておきましょう。

フラッシュカード作成例

表　面　　　　　　　　裏　面

社会科⑤ 日本の山・川・平野

学習目標

日本全国にある山・川・平野の名称を覚えることができる。

効能
- 日本全国の山・川・平野の名称を繰り返し学ぶことで，数は多いが知識の定着がはかれる。
- それぞれの名称を読むことができる上に，書くこともできるようになる。
- 名称がわかることで，地図を用いた探究活動の際の意欲が高まる。

● 使用する場面と使い方

社会科の時間に使います。授業開始または授業終了時に，子どもたちとともに唱えます。カードを見せながら，先生が名称を読み，その後に続けて，子どもたちに読ませると良いでしょう。慣れてきたら，読むのは子どもたちに任せて，先生はどんどんカードをめくっていきましょう。

● カードの特徴

表面には，山・川・平野の名称を大きく書きます。その中でも，山は山脈・山地・高地に分類されます。また平野と並んで，盆地もありますので，それも含めて作成していきます。裏面には読み仮名を書いておきましょう。

※山13点，川22点，平野20点，CD-ROMに収録

フラッシュカード作成例

紀伊山地

表　面

実践してみよう　―基本編・応用編・発展編―

基本編
① 表面を，先生→子ども→先生→子ども……と次々に読ませていく。
② 山編，川編，平野編のように分けて言わせていく。
　【例】『山編』→「山編」→『生駒山』→「生駒山」→『富士山』→「富士山」……

応用編―様々なフラッシュカード活動
① 教師がカードを見せながら裏面の平仮名を読み，子どもにその名称を漢字で書かせていく。
② 白紙のフラッシュカードを準備し，見本を提示した後，子どもたちに手作りカードを作成させる。
③ ペアまたはグループで学習できるように，その数の分だけ準備して，カードで学習する。

発展編
① 海・湖の名称を増やす。
　【例】太平洋，日本海，東シナ海，オホーツク海，瀬戸内海，琵琶湖，霞ヶ浦，サロマ湖，摩周湖，屈斜路湖，諏訪湖，十和田湖，猪苗代湖，宍道湖など
② 島の名称を増やす。
　【例】淡路島，奄美大島，択捉島，国後島，佐渡島，小豆島，種子島，対馬，南鳥島，西表島，沖ノ鳥島，宮古島，石垣島，屋久島など
③ 世界のベスト5を入れてみる。
　【例】標高順　1．エベレスト　2．K2　3．カンテンジュンガ　4．ローツェ　5．マカルー
　　　　長さ順　1．ナイル川　2．アマゾン川　3．長江　4．ミシシッピ川　5．エニセイ川

きいさんち

裏　面

社会科

社会科⑥ 特産物＆都道府県章

学習目標
各都道府県にある特産物をマスターすると同時に都道府県章も覚えていく。

効能
- 都道府県章を見て，47都道府県名が言えるようになる。
- その土地の特産物も合わせて覚えることで，より身近に感じられるようになる。

● **使用する場面と使い方**

　3年生以上に限らず，どの学年でも使えます。授業のはじめ・中・終わり，休憩時間の最後で次の授業の準備ができている場面などです。先生が，奈良県章を見せれば，『奈良県』と言い，その後に続けて，子どもたちに「奈良県」と言わせると良いでしょう。慣れてきたら，言うのは子どもたちに任せて，先生はどんどんカードをめくっていきましょう。

● **カードの特徴**

　表面には特産物（農業・工業・水産業・林業など）（A）または都道府県章（B）を大きく描き，裏面にはその都道府県名を記しておきましょう。ただし，特産物は多くとも3つまでにしましょう。多すぎると，フラッシュカードの効能が下がります。

フラッシュカード作成例

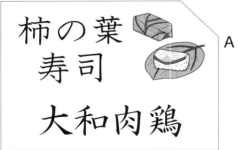

表　面

裏　面

※作成例A（特産物掲載），47点CD-ROMに収録

社会科⑦ 国旗＆世界遺産

学習目標
世界の国旗を見て，国名をマスターすると同時に，その国々にある世界遺産（自然＆文化）も覚えていく。

効能
・国旗を見て，世界の国名が言えるようになる。
・世界遺産（自然＆文化）を知り，世界の国々へ興味を持たせられる。

● 使用する場面と使い方

　3年生以上で使うことをオススメします。授業のはじめ・中・終わり，休憩時間の最後で次の授業の準備ができている場面などです。カードを見せながら，先生が，▢（日の丸）なら『日本』と言い，その後に続けて，子どもたちに「日本」と言わせると良いでしょう。慣れてきたら，言うのは子どもたちに任せて，先生はどんどんカードをめくっていきましょう。また世界遺産とセットで覚えていくと良いでしょう。例えば，国旗を見せ，「日本　法隆寺地域の仏教建造物」と言わせます。

● カードの特徴

　表面には国旗を大きく描き，裏面にはその国名と世界遺産の写真を掲載します。なお，世界遺産の名称も記しておきましょう。またいくつも世界遺産がある国々については，1つに絞って載せるようにしましょう。そして，なぜそこを選んだのか，その理由を，フラッシュカードが一段落したら子どもに話すと，教育的価値が高まります。　　　　　　　※11点，CD-ROMに収録
※なお，世界遺産に登録されている場所がない場合は，裏面には国名だけを記しましょう。

フラッシュカード作成例

表面　　　　　　　　　　　　　　裏面

音楽科① 音符・休符・記号・音楽にかかわる用語

学習目標
全学年で学習する音符・休符・記号や音楽にかかわる用語を覚えることができる。

効能
- 音符，休符，記号，音楽にかかわる用語を知識として定着させられる。
- 音符，休符，記号，音楽にかかわる用語の意味も理解できる。
- 音楽の学習が，より深く，より充実したものになる。

● 使用する場面と使い方

音楽科の時間に使います。授業開始または授業終了時に，子どもたちとともに唱えます。カードを見せながら，先生が名称を読み，その後に続けて，子どもたちに読ませると良いでしょう。慣れてきたら，読むのは子どもたちに任せて，先生はどんどんカードをめくっていきましょう。

また，その記号や音楽にかかわる用語の意味も合わせて唱えると，さらに知識の定着に役立つでしょう。

例えば，カードを見せながら，先生が『クレッシェンド』と唱え，子どもはその後に続けて「クレッシェンド」と唱えます。次に先生が『だんだん強く』と唱え，子どもは続けて「だんだん強く」と唱えます。続けて同じように次々と唱えます。

● カードの特徴

表面には，音符・休符・記号・音楽にかかわる用語を大きく書きます。裏面には，読み方，意味などを書いておきましょう。

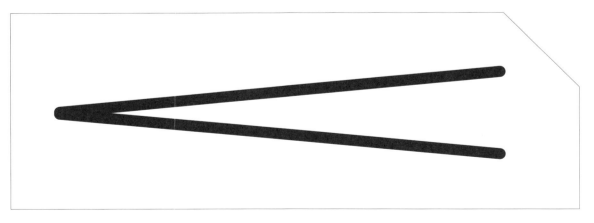

フラッシュカード作成例　　　　表　面

● 音符・休符・記号・音楽にかかわる用語例　　※印8点，CD-ROMに収録

o	全音符	♭	※	フラット・半音下げる
𝅗𝅥.	付点二分音符	♮	※	ナチュラル・もとの音の高さにもどす
𝅗𝅥	二分音符			
♩.	付点四分音符	*f*		フォルテ
♩	※ 四分音符	*mf*		メゾフォルテ
♪.	付点八分音符	*p*		ピアノ
♪	※ 八分音符	*mp*		メゾピアノ
♬	十六分音符	V	※	ブレス・息つぎ
𝄽	四分休符	&lt;	※	クレッシェンド・だんだん強く
𝄾	八分休符	&gt;	※	デクレッシェンド・だんだん弱く
𝄞	ト音記号	⌒		タイ
𝄢	ヘ音記号	⌒		スラー
│	縦線	&gt;		アクセント
‖	終止線	・		スタッカート
♯	※ シャープ・半音上げる			

クレッシェンド
だんだん強く

裏　面

音楽科

音楽科② 有名な音楽家

学習目標
音楽の教科書に掲載されている楽曲を作詞作曲した音楽家を覚えることができる。

効能
- 音楽室に描かれている音楽家の名前を覚えられる。
- 世界的に有名な音楽家の名前とともに楽曲も覚えられる。

● 使用する場面と使い方

音楽科の時間に使います。授業開始または授業終了時に，子どもたちとともに唱えます。カードを見せながら，先生が音楽家の名前を言い，その後に続けて，子どもたちに言わせると良いでしょう。慣れてきたら，読むのは子どもたちに任せて，先生はどんどんカードをめくっていきましょう。

また，楽曲についても唱えさせると，さらに知識の定着に役立つでしょう。

例えば，カードを見せながら，先生が『ベートーベン』と言い，子どもはその後に続けて「ベートーベン」と言います。次に先生が『運命。交響曲第9番』と言い，子どもは続けて「運命。交響曲第9番」と言います。続けて同じように音楽家の名前と楽曲を次々と言います。

● カードの特徴

表面には，音楽家の名前と肖像を大きく掲載します。裏面には，代表的な楽曲の名を書いておきましょう。

※11点，CD-ROMに収録

● 音楽家と代表曲の例

ベートーベン	運命　交響曲第9番
モーツァルト	アイネ・クライネ・ナハトムジーク　トルコ行進曲
バッハ	G線上のアリア
シューベルト	魔王　セレナード
ヘンデル	オラトリオ《マカベウスのユダ》第3幕『見よ，勇者は帰る』
ハイドン	交響曲第101番「時計」
チャイコフスキー	くるみ割り人形
プッチーニ	トゥーランドット《誰も寝てはならぬ》
滝廉太郎	荒城の月
山田耕筰	赤とんぼ
宮城道雄	春の海　さくら変奏曲

フラッシュカード作成例

ベートーベン

裏　面

「運命」
「交<ruby>響<rt>こうきょうきょく</rt></ruby>曲第9番」

音楽科

裏　面

道徳① 七みの言葉

学習目標
人として幸せに生きるために持たない方が良い感情の言葉を学ぶことができる。

効能
- 言葉を学ぶことで自分の気持ちを正しく理解できるようになる。
- 人にとって，負の言葉になりがちな，七つの言葉を使わないように心がけることで，気持ちのコントロールができるようになる。

<u>※7点，CD-ROMに収録</u>

● 使用する場面と使い方

全学年で使えます。言葉を紹介するとともに，学年に応じて，わかりやすく補足説明をする必要があります。人の気持ちを考えるときに，＋（プラス）の言葉（ふわふわ言葉やあったか言葉など），－（マイナス）の言葉（ちくちく言葉やギザギザ言葉など）を学び，その先にある感情を表す言葉として紹介すると，子どもたちの理解も深まります。

● カードの特徴

表面に，言葉を書いていきます。「み」のところだけ，赤字にすると，注目できて見やすくなります。また感情を表した顔や素振りを表現した身体のイラストが入ると，子どもたちにとって，より具体的でわかりやすくなります。

≪人を不幸せにする　七みの言葉≫
1．いやみ　2．うらみ　3．つらみ　4．さげすみ　5．そねみ
6．ねたみ　7．やっかみ

フラッシュカード作成例

英語① 数

学習目標
英語を使って，数を言うことができる。

効能
・数を用いて，英語に親しむことができるようになる。
・身の回りの数の英語表記を楽しむことができるようになる。

● 使用する場面と使い方

　全学年で使えます。外国語活動や特別活動などの時間で使うことができます。数はたくさんあるので，学年に応じて，増やしていくと良いでしょう。

　『zero』→「zero」→『one』→「one」→『two』→「two」……というように，カードを見せながら，先生が数を英語で言い，その後に続けて，子どもたちに言わせると良いでしょう。

　慣れてきたら，カードをバラバラにして，ランダムに言うと，さらに楽しく学ぶことができます。

● カードの特徴

　数を英語表記で1枚ずつ書いていきます。表面には大文字で，裏面には小文字で書きます。
ZERO（0）zero（0）ONE（1）one（1）TWO（2）two（2）THREE（3）three（3）FOUR（4）four（4）FIVE（5）five（5）SIX（6）six（6）SEVEN（7）seven（7）EIGHT（8）eight（8）NINE（9）nine（9）TEN（10）ten（10）ELEVEN（11）eleven（11）TWELVE（12）twelve（12）THIRTEEN（13）thirteen（13）FOURTEEN（14）fourteen（14）FIFTEEN（15）fifteen（15）……TWENTY（20）twenty（20）TWENTY ONE（21）twenty one（21）……THIRTY（30）thirty（30）……FORTY（40）forty（40）……FIFTY（50）fifty（50）……ONE HUNDRED（100）one hundred（100）

　　　　　　　　　　　※ 38点（0〜30，40，50，60，70，80，90，100），ＣＤ－ＲＯＭに収録

フラッシュカード作成例

ONE
1

one
1

表面　　裏面

道徳・英語

英語②　色

学習目標
英語を使って，色を言うことができる。

効能
- 色を用いて，英語に親しむことができるようになる。
- 身の回りの色の英語表記を楽しむことができるようになる。

● 使用する場面と使い方

　全学年で使えます。外国語活動や特別活動などの時間で使うことができます。色はたくさんあるので，学年に応じて，増やしていくと良いでしょう。

　『red』→「red」→『blue』→「blue」→『black』→「black」……というように，カードを見せながら，先生が色を英語で言い，その後に続けて，子どもたちに言わせると良いでしょう。

　慣れてきたら，カードをバラバラにして，ランダムに言うと，さらに楽しく学ぶことができます。またカードを担任が持って見せながら，ALTが読んでも良いでしょう。

● カードの特徴

　英語表記で色を1枚ずつ書いていきます。表面には大文字で，裏面には小文字で書きます。
【例】RED（赤）red（赤）BLUE（青）blue（青）BLACK（黒）black（黒）WHITE（白）white（白）GREEN（緑）green（緑）PURPLE（紫）purple（紫）YELLOW（黄）yellow（黄）BROWN（茶）brown（茶）

※8点，CD－ROMに収録

フラッシュカード作成例

RED 赤	red 赤
表　面	裏　面

英語③　動物

学習目標
英語を使って，動物の名前を言うことができる。

効能
- 子どもたちが知っている動物を用いて，英語に親しむことができるようになる。
- 英単語のスペルも発音と同時に学ぶことができる。

● 使用する場面と使い方

全学年で使えます。外国語活動や特別活動などの時間で使うことができます。動物はたくさんいるので，学年に応じて，増やしていくと良いでしょう。

『lion』→「lion」→『tiger』→「tiger」→『bear』→「bear」……というように，カードを見せながら，先生が動物の名前を英語で言い，その後に続けて，子どもたちに言わせると良いでしょう。

慣れてきたら，カードをバラバラにして，ランダムに言うと，さらに楽しく学ぶことができます。またカードを担任が持って見せながら，ALTが読んでも良いでしょう。

● カードの特徴

英語表記で動物の名前を1枚ずつ書いていきます。表面には大文字で，裏面には小文字で書きます。動物のイラストが入ると，よりわかりやすくイメージしやすくなります。

【例】LION（ライオン）lion（ライオン），TIGER（トラ）tiger（トラ），BEAR（クマ）bear（クマ），DOG（イヌ）dog（イヌ），CAT（ネコ）cat（ネコ），KOALA（コアラ）koala（コアラ），KANGAROO（カンガルー）kangaroo（カンガルー），MONKEY（サル）monkey（サル）

※8点，CD－ROMに収録

フラッシュカード作成例

LION
ライオン
表　面

lion
ライオン
裏　面

英語④ 教室にあるもの

学習目標
教室にあるものを英語で言うことができる。

効能
・子どもたちにとって身近なものの英語表現に親しむことができるようになる。
・スペルを学べるとともに，英語への興味関心が高まる。

● 使用する場面と使い方

全学年で使えます。外国語活動や特別活動などの時間で使うことができます。身の回りのものはたくさんあるので，学年に応じて，増やしていくと良いでしょう。

『pencil』→「pencil」→『eraser』→「eraser」→『ruler』→「ruler」……というように，カードを見せながら，先生が文房具の名前や教室内にあるものを英語で言い，その後に続けて，子どもたちに言わせると良いでしょう。

慣れてきたら，カードをバラバラにして，ランダムに言うと，さらに楽しく学ぶことができます。またカードを担任が持って見せながら，ALTが読んでも良いでしょう。

● カードの特徴

英語表記で1枚ずつ書いていきます。表面には大文字，裏面には小文字＋日本語……のように組み合わせても良いでしょう。
イラストが入ると，よりわかりやすくイメージしやすくなります。

【例】PENCIL／pencil（鉛筆），ERASER／eraser（消しゴム），RULER／ruler（定規），SCISSORS／scissors（ハサミ），GLUE／glue（のり），CUTTER／cutter（カッター），SHARPENER／sharpener（鉛筆削り），WINDOW／window（窓），BLACKBOARD／blackboard（黒板），DESK／desk（机），CHAIR／chair（イス），CURTAIN／curtain（カーテン），DOOR／door（扉），WALL／wall（壁），FLOOR／floor（床），LIGHT／light（電灯），CHALK／chalk（チョーク）　　　　　　　　　　　　　　　※17点，ＣＤ－ＲＯＭに収録

フラッシュカード作成例

PENCIL 鉛筆	pencil 鉛筆
表面	裏面

学級経営① 教室移動のキーワード

学習目標
自教室から，他教室や運動場・体育館などへ移動するときのマナーを守る。

効能
- 他の学級などに迷惑をかけないマナーを学べる。
- 楽しみながら，教室から移動できる。

● 使用する場面と使い方

全学年で使えます。移動する際，教室後方や廊下などで，子どもたちを並べている場面で使います。カードを見せながら，先生が小さい声，もしくは口パクで言い，その後に続けて，子どもたちにも小さい声，もしくは口パクで言わせると良いでしょう。
先生のリアクションやジェスチャーが大切になってきます。

● カードの特徴

表面に教室を移動するときの約束事（ルール）を書きます。イラストなどが入ると，子どもたちも喜びます。また，数が多くなると覚えきれないので，並ぶ度に，1枚ずつ新しいカードを増やしていくと良いでしょう。

【例】　口とじて　せいれつして　前を見て　追突注意　忍者のように　うでふり注意　にやにやするな　右側通行　左側通行　とおりすがりのえしゃく　にっこり

※11点，CD-ROMに収録

フラッシュカード作成例

学級経営②　話をきくときの約束5つ

学習目標
話をきくときの約束を守り，人の話をしっかりきくことができる。

効能　・話をきくときのルールを子どもたち同士でも確認できるようになる。

● 使用する場面と使い方

　全学年で使えます。話をきく場面で，子どもたちにカードを見せながら，先生が小さい声，もしくは口パクで言います。その後に続けて，子どもたちにも小さい声，もしくは口パクで言わせると良いでしょう。また，大きな声ではっきり復唱させるときがあっても良いでしょう。さらに，他学級，他学年でも使用できますので，ぜひ全校で使用してみてください。

● カードの特徴

　表面に話をきくときの約束を1つずつ，5枚のカードに書きます。リアルなイラストなどが入ると，子どもたちも喜びます。場所や場面によって，守らせたい約束のカードを見せる順番を変えても良いでしょう。約束5つなので，覚えやすいです。

　　≪約束5つ≫　目を見て　へそ向けて　足指こっち　耳ピンッ　手はお膝

※5点，CD-ROMに収録

フラッシュカード作成例

学級経営③ あいさつ7か条

学習目標

先生はじめ,周りの人とステキなあいさつをしっかりすることができる。

効能 ・子どもたちのあいさつ（朝,日中,帰り）が変わる。

● 使用する場面と使い方

　全学年で使えます。朝の会,休み時間,帰りの会,遠足や社会見学の事前指導など,様々な場面で使うことができます。また,7つのフラッシュカードを見せることで,子どもたちは何に気をつけて,あいさつをすれば良いかがはっきりとわかります。

　教室に掲示したり,先生が「ここぞ！」というタイミングで見せたり,黒板に貼ったりしても良いでしょう。先生が最初に「あいさつ7か条」と声を発し,フラッシュカード1枚1枚を読んでいきます。先生→子どもたち→カードをめくる→先生→子どもたち→……と続けます。

　慣れてきたら,先生は合図をだして,子どもたちが最初に「あいさつ7か条」と言っても良いでしょう。

● カードの特徴

　表面にはあいさつをするときの掟を1つずつ,7枚のカードに書きます。あいさつをしているイラストや,掟に関連したイラストを挿入すると,子どもたちも喜びます。場所や場面によって,紹介するあいさつの掟の順番を変えたり,補足説明を加えても良いでしょう。7つのことを意識するだけなので,子どもたちにとってわかりやすいです。

　　≪あいさつ7か条≫　立ち止まり　身体を相手に向けながら　声の大きさを考えて
　　目を見て　会釈・敬礼・最敬礼　ニコッと笑って　ごあいさつ

<u>※7点,CD-ROMに収録</u>

フラッシュカード作成例

　　　　た　　　　ど
　　　立ち止まり

学級経営④ 給食指導

学習目標

給食時のルールやマナー，エチケットについて学ぶことができる。

効能
- 給食時間中の子どもたちのマナーが良くなります。
- エチケットの大切さについて学べます。

● 使用する場面と使い方

全学年で使えます。給食時間の最初に子どもたちに唱えさせます。

また，給食開始の日やその前日に事前指導としてフラッシュカードを用いたり，給食時間中に提示して，意識を高めることもできます。子どもたちは給食時間中のルールやマナー，エチケットなどが一目でわかるため，行動に現れやすくなります。

給食準備，食事中，食器やお盆の片付けなど，給食時間におけるあらゆるタイミングで心がけるべきポイントをフラッシュカードで示し，指導に活かします。

● カードの特徴

表面には給食時間中に子どもたちが守るべきポイント（ルール，マナー，エチケット）を書きます。

【例】　手洗いうがい　すばやい準備　盛りつけ美し　エレガントに待つ　座食
　　　食器と握手　ピカピカの歯に　皆そろっていただきます　皆そろってごちそうさま
　　　ゲップおならはマナー違反　増量タイムは譲り合い　残さず完食　時間は守ろう

※13点，CD-ROMに収録

フラッシュカード作成例

増量（ぞうりょう）タイムは
譲（ゆず）り合（あ）い

著者紹介

●中條佳記

　1977年奈良県生まれ。奈良県王寺町立王寺南小学校勤務。お笑い教師同盟に所属し，教育サークル「奈良初等教育の会」を担当する。

　単著『子どもの実感を引き出す授業の鉄板ネタ54』，主な編著書『コピーして使える授業を盛り上げる教科別ワークシート集〈中学年〉』（中村健一共編著）。なお中村健一氏による編著書『子どもも先生も思いっきり笑える爆笑授業の作り方72』『学級担任に絶対必要な「フォロー」の技術』『子どもの表現力を磨くおもしろ国語道場』『めっちゃ楽しく学べる算数のネタ73』『子どもが大喜びで先生もうれしい！ 学校のはじめとおわりのネタ108』（以上，黎明書房）にも協力。

　酒と旅をこよなく愛する39歳。

イラスト●伊東美貴・さややん。

CD-ROM付き
授業や学級経営に活かせるフラッシュカードの作り方・使い方

2016年2月10日 初版発行	著　者	中　條　佳　記
	発行者	武　馬　久仁裕
	印　刷	藤原印刷株式会社
	製　本	協栄製本工業株式会社

発　行　所　　　　　　　株式会社　黎明書房

〒460-0002　名古屋市中区丸の内3-6-27 EBSビル ☎052-962-3045
　　　　　　　　　　　　FAX 052-951-9065　振替・00880-1-59001
〒101-0047　東京連絡所・千代田区内神田1-4-9 松苗ビル4階
　　　　　　　　　　　　　　　　　　　　　　☎03-3268-3470

落丁本・乱丁本はお取替えします。　　　　　ISBN978-4-654-01927-4
© Y. Nakajo 2016, Printed in Japan

子どもの実感を引き出す
授業の鉄板ネタ54

中條佳記著　Ａ５・114頁　1750円

オーソドックススタイルの普段の授業が，がぜん分かりやすくなる強力鉄板ネタを，教育効果→準備の手順→教師が意識して使った技→子どもたちの実感をより引き出すテクニックと，順序立てて全教科紹介。

授業を盛り上げる
教科別ワークシート集（全3巻）

付録：「エライ！シール」付き

中條佳記・土作彰・島田幸夫・中村健一編著
Ｂ５・各79頁　各1800円

小学校の授業の導入や学級づくりに役立つ，めっちゃ楽しい国語・算数・生活・理科・社会・学活のワークシート集。コピーして何度でも使えます。
低学年　ダジャレ五・七・五／なまえは　いくつといくつ？／フィールドビンゴを　しよう／他
中学年　部首マスター／めざせ！　億万長者‼／とじこめられた空気の気持ち／地図記号すごろく／他
高学年　おみくじ作文／正方形が見える？／色水遊びは，実は科学／地名たし算クイズ／一秒の言葉／他

担任必携！
学級づくり作戦ノート

中村健一編著　Ｂ５・87頁　1900円

学級づくりを成功させるポイントは最初の1ヵ月！例を見て書き込むだけで最初の1ヵ月を必ず成功させる作戦が誰でも立てられます。作戦ノートさえあれば学級担任のつくりたいクラスにすることができます。

子どもが大喜びで先生もうれしい！
学校のはじめとおわりのネタ108

中村健一編著　Ａ５・127頁　1700円

1年間，1日，授業，6年間の学校におけるはじめとおわりを充実させるとっておきの108のネタ。子どもたちを飽きさせない工夫がいっぱいの教師のバイブル。気がつけば楽しいクラスのできあがり！

つまらない普通の授業をおもしろくする！
小ワザ＆ミニゲーム集 BEST57+α

中村健一著　Ｂ５・62頁　1660円

おもしろみのない普通の授業をワザとゲームで盛り上げおもしろくするネタを紹介。子どもたちが授業にのってこないとき，飽きてきたときでも授業にすぐ集中できます。成功の秘訣も教えます！

健一中村の
絶対すべらない授業のネタ78

中村健一編著　教師サークル「ほっとタイム」協力
Ｂ６・97頁　1300円

教師のための携帯ブックス⑰　つまらない授業が本当に楽しくなる，国語，算数，理科，社会のネタと，いろいろな場面で役立つグッズ等を紹介。ダウトで覚える新出漢字／十二支で時刻を／鏡で光リレー／他

めっちゃ楽しく学べる
算数のネタ73

中村健一編著　Ｂ６・95頁　1300円

教師のための携帯ブックス⑩　子どもたちがなかなか授業に乗ってこない時，ダレてきた時等に使える，子どもが喜ぶ算数のネタを紹介。算数が苦手な子も得意な子も飽きさせない，楽しいネタがいっぱい。

今どきの1年生まるごと引き受けます
入門期からの学級づくり，授業，保護者対応，これ1冊でOK

多賀一郎著　Ａ５・132頁　1800円

1年生の担任を何度も経験した著者が，1年生やその保護者への関わり方をていねいに紹介。子どもの受け止め方や授業の進め方，学級づくりや学級通信・保護者会の工夫の仕方など，1年間使える手引き書です。